Petra Mönning

Der Schülertrainer: Selbstorganisation

6 fantasievolle Mini-Lehrgänge

Bildnachweise:
Coverfoto: © photophonie – Fotolia.com (# 19627603)
Seite 10, 11 und 22: Petra Mönning

Impressum

Der Schülertrainer: Selbstorganisation

Petra Mönning ist ausgebildete Grundschullehrerin und Verlagsredakteurin. Seit 2003 arbeitet sie als freiberufliche Redakteurin und Autorin für Kinder- und Jugendmedien. Viele ihrer Themenhefte hat sie selbst illustriert. Weitere Informationen über die Autorin finden Sie auf ihrer Homepage: www.leichter-unterrichten.de.

1. Auflage 2018

Veritaskai 3 · 21079 Hamburg
Fon (040) 32 50 83-060 · Fax (040) 32 50 83-050
info@aol-verlag.de · www.aol-verlag.de

Lektorat: omnibooks, Bielefeld
Redaktion: Katrin Neumann
Layout/Satz: Satzpunkt Ursula Ewert GmbH, Bayreuth
Illustrationen: Petra Mönning

ISBN: 978-3-403-10509-1

Engagiert unterrichten. Begeistert lernen.

Mini-Chaosmonster-Lehrgang 5:
Für Hausaufgaben-Macher und Schreibtisch-Aufräumer

Mini-Chaosmonster-Lehrgang 6:
Für Tafeldienst-Schwänzer und Müllvermeider

Vorwort

*„Sage es mir. Ich werde es vergessen!
Zeige es mir. Ich werde mich erinnern!
Lass es mich tun. Ich werde es verstehen!“*

(Konfuzius)

Selbst wir Erwachsenen wissen, wie schwer es ist, regelmäßig für Ordnung zu sorgen, an alles zu denken, immer gut strukturiert und pünktlich zu sein, kurz gesagt, sich selbst zu organisieren.

Gerade im Grundschulalter müssen die Kinder in diesem Bereich viel Neues lernen und bedenken. Sei es die richtig gepackte Schultasche, eine ordentliche Federmappe mit angespitzten Buntstiften, die Hausaufgaben, das richtige und sorgfältige Führen von Heften und Schnellheftern oder das regelmäßige Aufräumen des Arbeitsplatzes. Ob im Klassenraum, Schulgebäude oder zu Hause am eigenen Schreibtisch: Überall ist Ordnung und Selbstorganisation wichtig. Nur so ist strukturiertes und konzentriertes Lernen möglich.

Doch viele Kinder haben Schwierigkeiten, sich selbst, ihre Arbeitsmaterialien und das Lernen zu organisieren. Von nicht abgehefteten, zerknüllten Arbeitsblättern, großem Durcheinander in der Schultasche, vergessenen Turnbeuteln und Hausaufgaben bis hin zu chaotisch geführten Heften ist alles möglich.

Die folgenden sechs Mini-Lehrgänge sollen die Kinder dabei unterstützen, sich selbst besser organisieren zu können. In einem übersichtlichen Zeitraum durchlaufen die Kinder Schritt für Schritt möglichst selbstständig die handlungsorientierten Übungen. Mit Checklisten, Tests und Aufgaben zur Selbstreflexion überprüfen sie ihr Verhalten und entwickeln hilfreiche Strategien für die Selbstorganisation.

Jede Übung ist so konzipiert, dass die Kinder selbst tätig werden, das heißt, sie räumen mit Unterstützung der Aufgabenstellungen ihre Schultasche, Federmappe und ihren Arbeitsplatz auf, überprüfen ihre Hefte und Bücher und organisieren einen gemeinsamen Klassendienst. Denn nur indem sie es tun, verstehen sie es wirklich. Zur Belohnung für die erfolgreiche Absolvierung jedes Mini-Lehrgangs gibt es eine Medaille oder Urkunde als Auszeichnung.

Die Mini-Lehrgänge steigern sich in ihren Anforderungen, sodass Sie dem unterschiedlichen Förderbedarf Ihrer Schülerinnen und Schüler gezielt begegnen können. Die Lehrgänge sind je nach Bedarf und Anspruch als komplettes Förderpaket (mit durchschnittlich fünf bis sechs Übungsblättern) einsetzbar, mit dem die Kinder über einen längeren, aber überschaubaren Zeitraum hinweg trainieren. Dabei müssen nicht zwingend alle Arbeitsblätter eines Lehrgangs zum Einsatz kommen. Sie können jeden der Lehrgänge speziell auf das Alter, den Leistungsstand und den Förderbedarf des jeweiligen Kindes anpassen. Die einzelnen Arbeitsblätter sind unabhängig voneinander verwendbar, was eine individuelle Auswahl ermöglicht, die z. B. in der Freiarbeit, im Vertretungsunterricht, als Hausaufgaben und zu ähnlichen Gelegenheiten nutzbar ist. So ist es möglich, die Übungen im Rahmen Ihres allgemeinen Unterrichts für die ganze Klasse oder bei erhöhtem Förderbedarf gezielt einzusetzen.

Damit die Übungen nicht zu ernst und mit dem erhobenen Zeigefinger daherkommen, dient das „Chaosmonster“ als Sympathiefigur. Die Übungen sind möglichst kreativ und abwechslungsreich gestaltet. Ein wichtiger Punkt, der hier noch genannt werden muss, ist die Einbeziehung der Eltern. Denn die Kinder sollten nicht nur in der Schule, sondern auch zu Hause von Anfang darin gefördert werden, sich selbst zu organisieren. Daher ist es ratsam, die Eltern für das Thema „Selbstorganisation“ zu sensibilisieren und ihnen eventuell ein paar Anregungen zu geben (siehe Seite 12 und 13).

Nun wünsche ich Ihnen und den Kindern viel Spaß mit den Materialien.

Ihre

Petra Mönning

Zum Aufbau der Mini-Chaosmonster-Lehrgänge

Die sechs Mini-Chaosmonster-Lehrgänge beinhalten möglichst handlungsorientierte Übungen zur Förderung der Selbstorganisation. Die Symbole auf den Arbeitsblättern zeigen, was der jeweilige Förderschwerpunkt der Übungen ist:

Übungen für Federmappen-Checker und Turnbeutel-Vergesser
(z. B. Ordnung in der Federmappe und in der Schultasche)

Übungen für Tischordner und Krümelmonster
(z. B. Ordnung auf dem Arbeitsplatz und in der Frühstückspause)

Übungen für Eselsohren-Macher und Hausaufgaben-Vergesser
(z. B. Ordnung in Heften, Büchern und dem Hausaufgabenheft)

Übungen für Zeitfresser und Hausaufgaben-Aufschieber
(z. B. Zeitmanagement, sinnvolles Vorgehen beim Hausaufgabenmachen sowie bei der Vorbereitung auf eine Klassenarbeit)

Übungen für Hausaufgaben-Macher und Schreibtisch-Aufräumer
(z. B. Ordnung auf dem Schreibtisch zu Hause, Lerngewohnheiten, Arbeitsatmosphäre)

Übungen für Tafeldienst-Schwänzer und Müllvermeider
(z. B. Ordnung im Klassenraum und dem Schulgebäude, Organisation von Klassendiensten)

Die Laufzettel zu den jeweiligen Mini-Lehrgängen dienen den Kindern und Ihnen als Kontrollmöglichkeit.

Tipp

Wenn Sie die Übungen aus einzelnen Lehrgängen individuell zusammenstellen möchten, können Sie einen passenden Laufzettel gestalten, indem Sie einen der Laufzettel als Blankovorlage nutzen (z. B. die Beschriftung vor dem Kopieren abdecken und anschließend neu ausfüllen). Die Kinder haken in den Laufzetteln erledigte Übungen ab und protokollieren so ihren eigenen Arbeitsfortschritt. Nachdem Sie die bearbeiteten Arbeitsblätter bzw. Aufgaben überprüft haben, malen Sie den jeweiligen Monstern einen lächelnden Mund für die geleistete Arbeit. Wurde die Übung noch nicht ausreichend gelöst, geben Sie dem Kind ein Feedback und malen dem Monster erst einmal einen traurigen oder neutralen Mund mit Bleistift. Dies ist für die Kinder das Signal bzw. eine Erinnerung, dass sie die Übung noch einmal machen bzw. verbessern müssen. Nach erfolgreich durchgeführter Übung malen Sie dem Monster dann einen lächelnden Mund. Lächeln alle Monster auf dem Laufzettel, erhält das Kind für seine geleistete Arbeit eine passende Medaille (siehe Seite 60–62) oder Urkunde (siehe Seite 63) als Belohnung und Anerkennung für seine Anstrengungen.

Weiterführende Anregungen zu den Mini-Chaosmonster-Lehrgängen

Mini-Chaosmonster-Lehrgang 1: Für Federmappen-Checker und Turnbeutel-Vergesser

Übung 1, Seite 16: In meiner Federmappe
Übung 2, Seite 17: Der Federmappen-Check

Die Liste der Dinge, die ständig griffbereit in einer Federmappe sein sollten, kann von den Kindern individuell ergänzt werden. Denn je nach Altersstufe werden die Kinder unterschiedlich ausgestattete Federmappen haben (so kommen später in der Regel noch Füller, Patronen, Filzstifte usw. hinzu).

Weitere **spielerische Übungsmöglichkeiten** rund um die Federmappe:

1. **Im Klassenverband:** Überlegen Sie mit den Kindern, was in ihre Federmappe gehört und was nicht. Warum ist es sinnvoll, dass die Federmappe immer ordentlich ist und alles darin seinen festen Platz hat? Stellen Sie mit den Kindern eine individuelle Checkliste zur Federmappe zusammen (siehe Beispiel auf Seite 17).
2. **Spiel 1:** Die Kinder räumen die Federmappe mit einem Partner, in der Gruppe oder im Klassenverband um die Wette aus und ordentlich wieder ein. Wer ist am schnellsten? Wer ist am ordentlichsten?
3. **Spiel 2:** Die Kinder finden sich zu Paaren zusammen (z. B. mit dem Sitznachbarn). Nun nennt einer von beiden einen Stift oder einen anderen Gegenstand, den das zweite Kind so schnell wie möglich aus seiner Federmappe holen und vor sich auf den Tisch legen soll. Wie schnell schafft es das Kind, den genannten Gegenstand parat zu haben? Dieses Spiel ist auch für den Klassenverband geeignet. Wer schafft es als Erstes, den genannten Gegenstand aus der Federmappe zu holen?

Die spielerischen Übungen lassen sich ebenso mit der Schultasche durchführen.

> *Tipp*
>
> Gestalten Sie mit den Kindern eine **Fundkiste**, in der verlorene Bleistifte, Radiergummis usw. gesammelt werden.
> Es ist hilfreich, wenn jedes Kind (je nach Altersstufe zunächst mit Unterstützung eines Erwachsenen) seine Stifte und weitere Materialien mit seinem Namen versieht. So lassen sich die Fundsachen später eindeutig zuordnen.
> Eine weitere Möglichkeit besteht darin, eine **Ausleihstation** mit häufig benötigten Materialien anzubieten (mit Klebestiften, Scheren, Stiften usw.). Das Ausleihen an dieser Station sollte aber eher die Ausnahme sein, da die Kinder lernen sollen, für ihr eigenes Material zu sorgen und darauf aufzupassen.

Übung 3, Seite 18: In meiner Schultasche
Übung 4; Seite 19: Der Schultaschen-Check

(siehe Übungsmöglichkeiten links und Tippkasten oben)

Gerade bei jüngeren Kindern ist anfangs ein regelmäßiger **gemeinsamer Schultaschencheck** angesagt. Dabei sortiert man überflüssige Dinge aus und überprüft, ob alle notwendigen Schulutensilien vorhanden und an ihrem vorgesehenen Platz sind. Auch die Eltern sollten vor allem zu Beginn möglichst jeden Abend gemeinsam mit dem Kind die Schultasche kontrollieren und für den nächsten Schultag packen.

Eine Faustregel besagt, dass eine Schultasche inklusive Büchern, Heften und weiteren Schulutensilien höchstens 10 % vom Körpergewicht des Kindes ausmachen darf (bei einem Körpergewicht von 20 kg wären das also höchstens 2 kg). Doch auch der Sitz der Schultasche, die Statur des Kindes und gute Polsterung der Schultergurte spielen eine wichtige Rolle.

Um das Gewicht der Schultasche zu reduzieren, bleiben schwere Bücher usw. am besten in der Schule. Die Kinder sollten sich von Anfang an daran gewöhnen, nur die Schulutensilien mitzunehmen, die sie zu Hause benötigen. Im Idealfall haben die Kinder in der Schule ein eigenes Regalfach, in dem sie Bücher und weiteren Schulbedarf, wie z. B. Bastelmaterial, unterbringen können.

Übung 5, Seite 20: Mein Turnbeutel

Überlegen Sie mit den Kindern, was sie im Sportunterricht benötigen (T-Shirt, lange oder kurze Sporthose, Rutschsocken, Gymnastikschlappen oder Turnschuhe, Schwimmzeug usw.). Je nach Altersstufe schreiben die Kinder anschließend die Dinge, die in den Turnbeutel gehören, auf die Rückseite der Merkhilfe (Seite 20) z. B. von der Tafel ab oder aus dem Gedächtnis auf.

Mini-Chaosmonster-Lehrgang 2: Für Tischordner und Krümelmonster

Übung 1, Seite 22: Auf meinem Tisch
Übung 2, Seite 23: Der Tisch-Check

Besprechen Sie mit den Kindern, wie ein ordentlicher Tisch aussehen sollte, welche Dinge wohin gehören und warum ein Tisch immer ordentlich sein sollte.

Ergänzen Sie mit den Kindern die Checkliste (Seite 23) und passen Sie sie den individuellen Bedürfnissen der Klasse an (Wohin gehört das Mathebuch? Wo verstaue ich mein Kunstzeug? Wo lege ich am besten meine Federmappe hin?)

- **Spiel:** Nennen Sie ein Unterrichtsfach und die dazu notwendigen Materialien. Wer schafft es zuerst, alle benötigten Materialien auf seinen Tisch zu legen (leise und ordentlich)? Und wer schafft es am schnellsten, wieder alles an seinem vorgesehenen Platz zu verstauen?
- **Aufräumrallye:** Welcher Gruppen- oder Einzeltisch schafft es als Erster, den Tisch oder Arbeitsplatz richtig aufzuräumen?
  Beim täglichen Aufräumen am Ende der Schulstunden oder des Schultages, können Sie gemeinsam ein passendes **Aufräumlied** singen oder einen Reim aufsagen (siehe Seite 14).
- **Malanregung:** Die Kinder malen ihre Vorstellung von einem „idealen Arbeitsplatz".

Übung 3, Seite 24: Ordnung auf meinem Tisch

Die Satzstreifen dienen auf ein Papier geklebt als Merkhilfe. Die Regeln für einen ordentlichen Tisch können Sie gemeinsam mit den Kindern ergänzen.

Übung 4, Seite 25: In der Frühstückspause

Die Kinder überlegen mit Ihnen, welche Regeln bei der gemeinsamen Frühstückspause gelten sollten und warum.

Spiel: Wer schafft es zuerst, seinen Tisch aufzuräumen und mit seinem Platzdeckchen und Frühstück ruhig am Platz zu sitzen? Bei diesem Spiel können Einzel- oder Gruppentische gegeneinander antreten. Der Tisch, der zuerst für das Frühstück bereitsitzt und alle Regeln erfüllt hat, darf sich etwas wünschen (ein Pausenspiel, eine schöne Geschichte zum Vorlesen usw.).

Übung 5, Seite 26: Ein Platzdeckchen für Krümelmonster

Auf dem Platzdeckchen schreiben sich die Kinder die Regeln für die Frühstückspause auf. Anschließend malen sie die Vorlagen bunt an und schneiden sie an der gestrichelten Linie aus. Dann werden sie auf bunte Pappe geklebt. Für die bessere Haltbarkeit und damit sie sich zum Abwischen eignen, wäre es ideal, die Platzdeckchen vor dem Gebrauch zu laminieren.

Mini-Chaosmonster-Lehrgang 3: Für Eselsohren-Macher und Hausaufgaben-Vergesser

Übung 1, Seite 28: Der Hefte- und Bücher-Check
Übung 2, Seite 29: Der Hefte-Check
Übung 3, Seite 30: Der Schnellhefter-Check

Überlegen Sie mit den Kindern, wie ordentliche Hefte, Bücher und Schnellhefter aussehen sollten, und stellen Sie gemeinsame Regeln auf. Warum gelten diese Regeln und welchen Zweck erfüllen sie? Zur Ergebnissicherung halten Sie die Regeln z. B. auf einem Plakat fest. Die Kinder überprüfen anschließend mithilfe der Checklisten, welche Kriterien ihre Schulmaterialien schon erfüllen und welche noch verbesserungswürdig sind.

Das ordentliche Führen eines Heftes, Schnellhefters und Hausaufgabenheftes sollte in regelmäßigen Abständen überprüft und thematisiert werden (Was müssen wir beachten? Was klappt schon gut? Was können wir besser machen? usw.).

Vielleicht können Sie mit den Kindern einen kleinen, spielerischen Wettbewerb veranstalten, z. B.: „Wer ist der König der Hefte/Schnellhefter/Bücher?"

Mini-Chaosmonster-Lehrgang 4: Für Zeitfresser und Hausaufgaben-Aufschieber

Übung 1, Seite 35: Der Hausaufgaben-Check
Übung 2, Seite 36: Gute Zeiten, schlechte Zeiten
Übung 3, Seite 37: Der Klassenarbeit-Check

Überlegen Sie mit den Kindern, welche Schwierigkeiten sie bei den Hausaufgaben bzw. beim Lernen zu Hause haben (z. B. Hausaufgaben vergessen, da nicht richtig im Hausaufgabenheft notiert; zu müde oder unmotiviert; falscher Zeitpunkt; Aufgabenstellung nicht richtig verstanden; unruhige Arbeitsatmosphäre; falsches Vorgehen beim Lernen). Finden Sie zusammen mit den Kindern mit Unterstützung der Übungen individuelle Lösungen, wie sie das Lernen und Hausaufgabenmachen zu Hause produktiver und effektiver gestalten. Jedes Kind sollte sich im Idealfall am Ende einen eigenen Plan erstellen können, der es bei den Hausaufgaben und beim Lernen unterstützt.

Übung 4, Seite 38: Motivation ist alles!
Übung 5, Seite 39: Mach mal Pause!

Die Kinder sollten lernen, sich selbst zu motivieren, z. B. durch ein Belohnungssystem. Auch kleine Bewegungspausen liefern beim Lernen und bei den Hausaufgaben neue Energie.

> *Tipp*
>
> Führen Sie regelmäßige Bewegungspausen im Unterricht ein.

Übung 6, Seite 40: Bastelvorlage „Mein Stundenplan“

Die Kinder können den Stundenplan bemalen und ausfüllen. Dabei tragen sie nicht nur die Schulstunden ein, sondern auch die Veranstaltungen am Nachmittag (z. B. Hobbys, Sportverein, Musikunterricht, Kunstkurse) sowie die Zeit für die Hausaufgaben und regelmäßige Lernzeiten.

Anschließend schauen Sie die Stundenpläne gemeinsam an und reflektieren sie. Dabei erörtern Sie z. B. folgende Fragen: „Wie voll sollte ein Stundenplan bzw. die Freizeitgestaltung sein? Habe ich genug Zeit für meine Hausaufgaben und Lerneinheiten? Habe ich die Zeiten so gelegt, dass sie meiner individuellen Leistungs- und Konzentrationskurve (siehe Seite 36) entsprechen? Habe ich genug freie Zeit für mich, also zur individuellen Gestaltung, zum Ausruhen, Lesen usw.?

Mini-Chaosmonster-Lehrgang 5: Für Hausaufgaben-Macher und Schreibtisch-Aufräumer

Übung 1, Seite 42–43: Teste deine Lerngewohnheiten

Mithilfe dieses Tests reflektieren die Kinder eigene Gewohnheiten und finden z. B. mögliche Störquellen heraus, die sie zu Hause beim Lernen und bei den Hausaufgaben ausbremsen. Beim Gespräch über den Test überlegen Sie gemeinsam mögliche Strategien, um das Lernen und Hausaufgabenmachen zu Hause produktiver und effektiver zu gestalten.

> *Tipp*
>
> Der Test erfolgt am besten in Absprache mit den Eltern, damit sie sich nicht in ihrer Privatsphäre gestört fühlen. Außerdem ist bei dem Gespräch über den Test darauf zu achten, dass einzelne Kinder nicht gemobbt werden, wenn sie z. B. kein eigenes Zimmer oder keinen eigenen Arbeitsplatz zu Hause haben. Durch den Test erfahren auch Sie, unter welchen Bedingungen das Kind Hausaufgaben macht, und können gegebenenfalls mit den Eltern Lösungen bei eventuell vorliegenden Lernschwierigkeiten überlegen sowie entsprechende Tipps und Anregungen geben (siehe auch Seite 12 und 13).

Übung 2, Seite 44: Der Arbeitsplatz-Check

Auch der Arbeitsplatz-Check sollte nach Möglichkeit in Absprache mit den Eltern erfolgen, damit bei Bedarf gemeinsam entsprechende Verbesserungslösungen gefunden werden können.

Übung 3, Seite 45: Ein eigenes Lernplakat

Die Lernplakate lassen sich auch in Partner- oder Gruppenarbeit erstellen.

Übung 4, Seite 46: Der Chaosmonster-Check

Die Checkliste lässt sich entsprechend ergänzen. Gut sichtbar neben dem Arbeitsplatz zu Hause aufgehängt, dient sie als tägliche Merkhilfe.

Übung 5, Seite 47: Bastelvorlage „Bitte nicht stören!"-Schild

Das Schild kann z. B. beim täglichen Lernen und Hausaufgabenmachen aufgehängt werden.

Mini-Chaosmonster-Lehrgang 6: Für Tafeldienst-Schwänzer und Müllvermeider

Anders als die vorherigen Übungen eignen sich die Übungen von Lehrgang 6 am besten zur Durchführung und Besprechung im Klassenverband oder in der Gruppenarbeit. Die Kinder sollen gemeinsam überlegen, wie sie sich die Ordnung in ihrem Klassenraum vorstellen und warum es so wichtig ist, gemeinsame Ordnungsregeln einzuhalten. Alle Ergebnisse halten Sie und die Kinder auf Plakaten oder mit Checklisten fest und hängen sie im Klassenraum auf, damit sich die Kinder jederzeit an die Regeln erinnern und daran halten können.

Übung 1, Seite 49: Der Klassenraum-Check
Übung 2, Seite 50: Ordnungsregeln für unsere Klasse

Gestalten Sie das tägliche Aufräumen des Klassenraums als Spiel, etwa als „Aufräumrallye". Die Kinder treten dabei in Gruppen gegeneinander an. Welche Gruppe hat ihren Tisch, Arbeitsplatz bzw. den Bereich darum herum zuerst aufgeräumt?

> *Tipp*
>
> Mit passender Musik läuft das Aufräumen wesentlich lustiger und schwungvoller ab (siehe z. B. Seite 14).
>
> Oder gehen Sie das Aufräumen als Klassenprojekt unter dem Motto „Unsere Klasse soll sauber sein" an. Klappt das Aufräumen gut, werden die Kinder anschließend belohnt, z. B. mit einem gemeinsamen Geschichtenlesen oder einem Spiel auf dem Schulhof.

Übung 3, Seite 51: Unsere Klassendienste

Die Kinder sollen gemeinsam überlegen, welche Aufgaben im Klassenraum zu erledigen sind. Die anschließende Organisation der Klassendienste sollte möglichst selbstständig und in Gemeinschaftsarbeit ablaufen. Die Bastelvorlagen auf Seite 52–54 helfen dabei.

Bastelvorlagen, Seite 52–54: „Klassendienste"

Die Bastelvorlagen für die Klassendienste werden bunt angemalt, auf Pappe geklebt, ausgeschnitten und für längere Haltbarkeit laminiert. Die Klassendienst-Schilder hängen Sie dann z. B. an einer Pinnwand in der Klasse auf. Jedes Kind bekommt ein kleines Namensschild. Zum Wochenbeginn teilen Sie je nach Klassenstärke eine bestimmte Anzahl von Kindern den verschiedenen Klassendiensten zu, indem Sie die Namenskärtchen an die entsprechenden Schilder hängen.

Bastelvorlage, Seite 55: „Das Müllmonster"

Die Bastelvorlage für das „Müllmonster" wird bunt angemalt, ausgeschnitten und für die bessere Haltbarkeit eventuell noch laminiert. Dann befestigen Sie es am Mülleimer.

> *Tipp*
>
> Jüngeren Kindern können Sie eine Geschichte vom „Müllmonster" erzählen, das gerne Müll frisst und regelmäßig Futter braucht. Die Kinder dürfen also auf keinen Fall vergessen, ihren Müll regelmäßig in den Mülleimer zu werfen, weil das Müllmonster sonst hungrig bleibt.

Übung 4, Seite 56: Verhalten im Schulgebäude

Führen Sie mit den Kindern eine Begehung des Schulgebäudes durch und überlegen dabei gemeinsam, welche Regeln innerhalb der Schule gelten sollten, damit niemand gestört wird, keine Stolperfallen entstehen und alles ordentlich bleibt.

Die Eltern einbeziehen

Da die Kinder nicht nur in der Schule, sondern auch zu Hause in den Bereichen „Selbstorganisation" und „Ordnung halten" regelmäßig gefördert und gefordert werden sollten, ist es sehr sinnvoll, die Eltern einzubeziehen.

So können Sie z. B. einen **Elternabend** zum Thema „Selbstorganisation" veranstalten oder einen **Elternbrief** verfassen und damit den Eltern Tipps und Anregungen geben (siehe Beispiel auf Seite 12).

Eine weitere Möglichkeit besteht in einem **Vertrag**, den die Eltern mit den Kindern abschließen (siehe Beispiel auf Seite 13). Darin vereinbaren sie mit den Kindern, welche Aufgaben sie täglich erledigen sollen. Bei Erfüllung des Vertrages gibt es eine besondere Belohnung, die ebenfalls vorher festgelegt wird.

Meine Wochenziele (Seite 57)

Sie oder die Eltern können mit den Kindern auch ein oder mehrere individuelle Wochenziele vereinbaren (siehe Vorlage auf Seite 57). Dort schreibt das Kind auf, welche Aufgaben es täglich erledigen möchte (z. B. Hausaufgaben ordentlich erledigen, abends Schultasche packen und an alles denken, Federmappe aufräumen). Dabei werden besonders die Schwachstellen des Kindes aufgegriffen (z. B. wenn es häufig Hausaufgaben oder Schulsachen vergisst, Hefte unordentlich führt). Jeden Tag überprüft das Kind, ob es an alle Aufgaben gedacht hat und reflektiert (je nach Alter des Kindes mit einem Erwachsenen), wie das Erledigen der Aufgaben geklappt hat. Mit einem Smiley kommentiert es, wie es die Aufgabe seiner Meinung nach erfüllt hat. Überwiegen die lachenden Monster, bekommt das Kind eine Belohnung.

Merkkärtchen (Seite 57)

Mit Merkkärtchen (siehe die Beispiele auf Seite 57) unterstützen Sie oder die Eltern die Kinder dabei, sich wichtige Aufgaben zu merken. Bei Bedarf verteilen Sie die Merkkärtchen an einzelne Kinder.

Merkband

Eine weitere Möglichkeit besteht in Merkbändchen. Dafür schneidet man einen Streifen Papier zurecht und schreibt die zu erledigende Aufgabe darauf (z. B. „Am Donnerstag die Kunstsachen nicht vergessen!"). Der Streifen wird am Handgelenk des Kindes befestigt (siehe Foto).

Die Kinder können sich natürlich auch selbst Merkkärtchen oder Merkbändchen anfertigen.

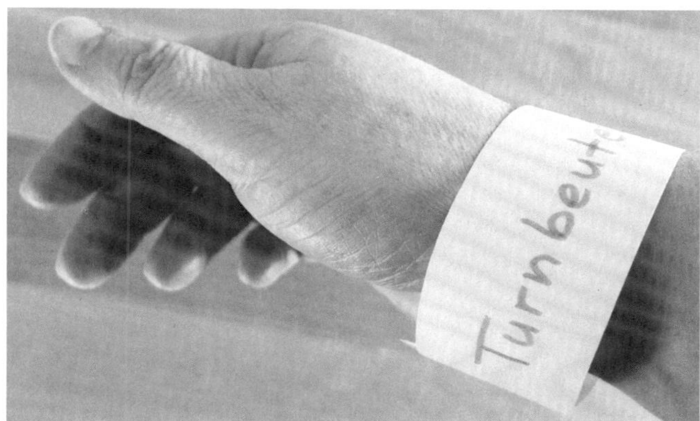

Lob- und Motivationssticker (Seite 58 und 59)

Diese Sticker setzen Sie immer wieder ein, wenn ein Kind ein besonderes Lob verdient hat oder Motivation benötigt.

Medaillen (Seite 60–62)

Wenn die Kinder die Übungen ihres Mini-Lehrgangs erfolgreich absolviert haben, erhalten sie die entsprechenden Medaillen zur Anerkennung ihrer geleisteten Arbeit.

Urkunde (Seite 63)

Statt der Medaillen können Sie den Kindern natürlich auch eine Urkunde überreichen, z. B. wenn sie über einen längeren Zeitraum besonders ordentlich waren.

Ein Elternabend oder Elternbrief zum Thema „Selbstorganisation"

Geben Sie den Eltern bei einem Elternabend oder in einem freundlichen Brief Anregungen und Tipps, wie sie mit den Kindern üben, sich selbst zu organisieren:

✔ **Ein strukturierter Tagesablauf:**
Es gibt regelmäßige Aufsteh- und Frühstückszeiten, die Hetze am Morgen vermeiden, feste Zeiten am Nachmittag für Hausaufgaben, Lernen und Freizeit (Ausruhen, Spielen, Hobbys), keine zu sehr verplante Freizeit, feste Bettgehzeiten (Abendritual mit Vorlesen o. Ä.).

✔ **Feste Ordnungs- und Aufräumzeiten/ -rituale:**
Kinder sollten sich daran gewöhnen, z. B. ihre Trinkflasche und Brotdose direkt nach der Schule in die Küche zu bringen, den Tornister am Abend aufzuräumen und zu packen (zunächst mit einem Erwachsenen), Material für den nächsten Schultag (Turnbeutel, Kunst- und Bastelmaterial usw.) und eventuell schon die Kleidung für den nächsten Tag bereitzulegen. So entsteht am Morgen weder unnötige Hetze noch die Gefahr, etwas Wichtiges in der Hektik zu vergessen.

✔ **Ein fester, ruhiger und aufgeräumter Arbeitsplatz:**
Im Idealfall hat das Kind einen eigenen Schreibtisch (möglichst im eigenen Zimmer oder in einer ruhigen Ecke der Wohnung). Der Arbeitsplatz sollte aufgeräumt sein, sodass das Kind z. B. nicht durch herumliegendes Spielzeug abgelenkt wird. Während der Hausaufgaben sollte es möglichst ruhig sein (keine Geräuschkulisse von Fernseher, Radio, Staubsauger). Es gibt genügend Licht am Arbeitsplatz.

✔ **Feste Hausaufgaben- bzw. Lernzeiten:**
Hausaufgaben bzw. Lernen finden täglich möglichst zu bestimmten Zeiten statt (z. B. nach dem Mittagessen und einer kurzen Pause). In der Regel sollten die Hausaufgaben im 1./2. Schuljahr nicht länger als 30 Minuten und im 3./4. Schuljahr nicht mehr als 45 Minuten in Anspruch nehmen. Die Kinder sollten daran gewöhnt sein, ihre Hausaufgaben in einem Hausaufgabenheft zu notieren, ebenso die Termine für anstehende Klassenarbeiten, damit entsprechende Lernzeiten eingeplant werden können (Aufgabe der Lehrkraft). Die Kinder erledigen ihre Hausaufgaben alleine, aber für mögliche Fragen und als Unterstützung sollte ein Erwachsener bereitstehen.

✔ **Erinnerungshilfen:**
Dazu eignet sich am Arbeitsplatz des Kindes z. B. eine Pinnwand, an der der Stundenplan für die Schule und eventuell ein Freizeitplan mit Terminen für die Hobbys hängt. Außerdem können hier kleine Merkzettel angebracht werden (z. B. „Am Dienstag den Turnbeutel nicht vergessen!"). Selbst geschriebene Checklisten (z. B. „Was ich diese Woche erledigen möchte", „Was in meinen Schultornister gehört" oder „Wie mein Schreibtisch aussehen sollte") helfen den Kindern, sich selbst zu organisieren. Die Kinder können abends auch kleine Merkzettel an ihrem Tornister oder an der Wohnungstür als Erinnerungshilfe befestigen („Den Schlüssel nicht vergessen!" usw.).

✔ **Den Spaß nicht vergessen:**
Versuchen Sie, das Ganze spielerisch und motivierend zu verpacken. Überlegen Sie sich kleine Belohnungen (zusammen ein Eis essen oder ins Kino gehen, ein Spiel spielen usw.), wenn das Aufräumen, die Erledigung der Hausaufgaben oder das Packen der Schulsachen besonders gut geklappt hat. Das Aufräumen des Zimmers oder des Schultornisters macht mehr Spaß, wenn die Kinder es mit Musik erledigen dürfen oder als Wettspiel mit einer Stoppuhr (z. B. „Wetten, dass du es nicht schaffst, dein Bett in drei Minuten zu machen?"). Durch kleine Aufgaben im Haushalt (den Tisch decken, Kleinigkeiten einkaufen, saugen) lernen die Kinder ebenfalls, eigenverantwortlich und strukturiert zu handeln. Die Eltern können außerdem einen Vertrag mit dem Kind abschließen (siehe Beispiel auf Seite 13).

Vertrag

zwischen ______________________ und ______________________

Hiermit wird Folgendes vereinbart:

1. Ich schreibe meine Hausaufgaben in der Schule sorgfältig und gut leserlich in mein Hausaufgabenheft.
2. Ich nehme alle Bücher, Hefte und Materialien mit nach Hause, die ich zum Arbeiten benötige.
3. Ich mache eine kurze Pause nach dem Mittagessen, bevor ich mit den Hausaufgaben beginne.
4. Ich lege alle Materialien, die ich für die Hausaufgaben brauche, auf meinem aufgeräumten Arbeitsplatz bereit.
5. Ich mache mir einen Lernplan und teile mir die Aufgaben in kleine Portionen ein.
6. Ich arbeite ruhig und ohne Störquellen (kein Radio, Fernseher, Computer, Spielzeug usw.).
7. Ich versuche, selbstständig zu arbeiten. Nur wenn ich etwas wirklich nicht verstehe, frage ich nach.
8. Erledigte Hausaufgaben hake ich in meinem Hausaufgabenheft ab.
9. Zwischendurch mache ich kurze Pausen und bewege mich.
10. Wenn ich mit den Hausaufgaben fertig bin, zeige ich sie ______________________.
11. Ich packe meine Schultasche für den nächsten Tag und achte darauf, dass ich alle benötigten Materialien mitnehme.
12. Wenn ich eine Woche lang die Vertragsbedingungen gut erfüllt habe, darf ich mir etwas von meinem Wunschzettel aussuchen:

Ich wünsche mir:

– einen Schwimmbadbesuch

– längeres Aufbleiben am Wochenende

– mein Lieblingsgericht ______________________

– einen Ausflug ______________________

– ______________________

– ______________________

______________________ ______________________

Unterschrift Unterschrift

Das Aufräumlied „Lasst uns nun den Tisch (Raum) aufräumen"

(nach der Melodie von „Fuchs, du hast die Gans gestohlen!")

Lasst uns nun den Tisch (Raum) aufräumen!
Ist doch gar nicht schwer! Ist doch gar nicht schwer!
Schnell, packt eure Siebensachen!
Ordnung muss wieder her!
Schnell, packt eure Siebensachen!
Ordnung ist gar nicht schwer!

Auf die Plätze: Aufräumen!
Auf die Plätze, eins, zwei drei!
Kommt alle ganz schnell herbei!
Aufs Kommando „Pimpernell!"
räumt ihr auf, das geht ganz schnell!

Eins, zwei, drei,
der Schultag, der ist jetzt vorbei!
Eins, zwei, drei,
der Schultag, der ist jetzt vorbei!
Alle Kinder räumen auf!
Sachen weg und Stühle rauf!
Alle Kinder helfen mit,
räumen auf im Sauseschritt!
Erst wenn alle Stühle auf den Tischen stehen,
können wir fröhlich nach Hause gehen!

Das Aufräumlied und die Reime können als Ritual am Ende einer Schulstunde oder des Schultags beim Aufräumen mit den Kindern gesungen bzw. aufgesagt werden.

Mini-Chaosmonster-Lehrgang 1: Für Federmappen-Checker und Turnbeutel-Vergesser

Mein Name: ______________________________

Klasse: _____ Datum: ______________

Übung	geprüft	erledigt
1. In meiner Federmappe		
2. Der Federmappen-Check		
3. In meiner Schultasche		
4. Der Schultaschen-Check		
5. Mein Turnbeutel		

Übung 1: In meiner Federmappe

1. In der Federmappe vom Chaosmonster sind viele Sachen. Was gehört dort nicht hinein? Streiche die falschen Sachen durch.
2. Schreibe auf die Federmappe, was immer darin sein sollte.
3. Schau dir deine Federmappe an. Ist alles da, was du brauchst? Ist alles an seinem Platz?

Papier

Buntstifte

Lutscher

Bleistift

Spielkarten

Pinsel

Radierer

Kaugummi

Lineal

Anspitzer

Flummi

Gabel

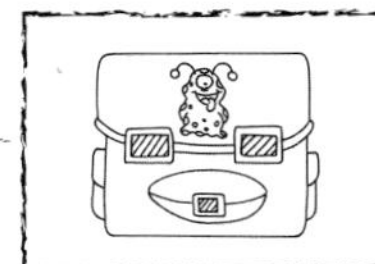

Übung 2: Der Federmappen-Check

In deiner Federmappe sollte immer alles an seinem festen Platz sein.
Dann musst du nicht lange suchen.

1. Überprüfe deine Federmappe mit der Checkliste:

In meiner Federmappe	gecheckt
– ist der Inhalt vollständig.	
– ist alles an seinem festen Platz.	
– sind Bleistifte und Buntstifte angespitzt.	
– ist nichts kaputt (zum Beispiel das Lineal).	
– ist nichts leer (zum Beispiel der Füller).	
– kann ich alles gut benutzen (zum Beispiel das Radiergummi).	
– fehlt nichts, was ich häufig benötige.	
– steht mein Name.	
– ist nichts dreckig oder verklebt.	
–	
–	

2. Was könntest du besser machen?

____

____

3. Was machst du schon richtig gut?

____

____

4. Vergleiche deine Federmappe mit der deines Sitznachbarn.
Fallen euch Unterschiede und Gemeinsamkeiten auf?

____

____

____

Übung 3: In meiner Schultasche

1. In der Schultasche vom Chaosmonster ist es ganz schön unordentlich. Streiche die Sachen durch, die nicht in die Schultasche gehören.
2. Kreise die Dinge ein, die in die Schultasche gehören.
3. Schau dir deine Schultasche an. Findest du Sachen, die dort nicht hineingehören?

Übung 4: Der Schultaschen-Check

In deiner Schultasche sollte immer alles an seinem festen Platz sein.
Dann musst du nicht lange suchen.

1. Überprüfe deine Schultasche mit der Checkliste:

In meiner Schultasche	**gecheckt**
– ist alles an seinem festen Platz.	
– sind Trinkflasche und Brotdose im Außenfach.	
– sind nur Sachen, die ich in der Schule benötige.	
– ist kein Müll oder etwas anderes Überflüssiges.	
– liegen keine einzelnen Blätter.	
– liegen keine einzelnen Stifte.	
– ist kein Spielzeug.	
– fehlt nichts, was ich häufig in der Schule benötige.	
– ist kein Sportzeug.	
– ist nichts dreckig oder verklebt.	
–	

2. Was könntest du besser machen?

____

____

3. Was machst du schon richtig gut?

____

____

4. Vergleiche deine Schultasche mit der deines Sitznachbarn.
Fallen euch Unterschiede und Gemeinsamkeiten auf?

____

____

____

Übung 5: Mein Turnbeutel

Vergisst du auch öfter mal deinen Turnbeutel? Damit das nicht mehr passiert, bastelst du dir eine Merkhilfe für „Turnbeutel-Vergesser“. Die hängst du dann zum Beispiel an deine Schultasche oder an die Haustür. Sie erinnert dich daran, den Turnbeutel mitzunehmen.

Du brauchst:
- Buntstifte, eine Schere und ein Band

So geht es:
1. Male die Bastelvorlage bunt an.
2. Schneide sie an der gestrichelten Linie aus.
3. Was kommt in deinen Turnbeutel? Schreibe es auf die Rückseite.
4. Bohre dann ein Loch durch den gestrichelten Kreis auf der Vorlage.
5. Fädle das Band durch das Loch.
6. Nun kannst du die Merkhilfe an deiner Schultasche oder an der Haustür aufhängen, wenn du an deinen Turnbeutel denken musst.

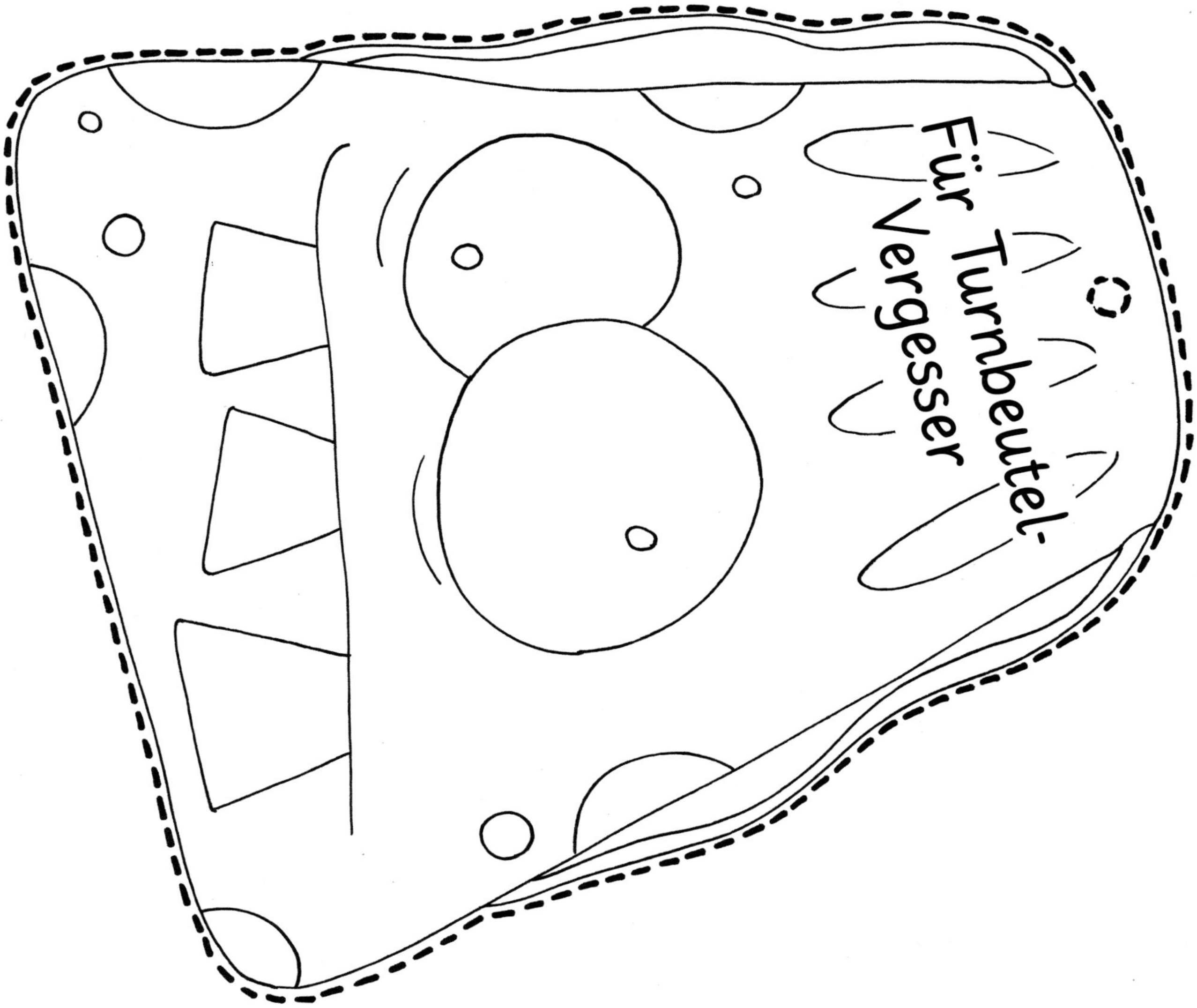

Für Turnbeutel-
Vergesser

Mini-Chaosmonster-Lehrgang 2: Für Tischordner und Krümelmonster

Mein Name: ______________________________

Klasse: _____ Datum: ______________

Übung	geprüft	erledigt
1. Auf meinem Tisch		
2. Der Tisch-Check		
3. Ordnung auf meinem Tisch		
4. In der Frühstückspause		
5. Ein Platzdeckchen für Krümelmonster		

Übung 1: Auf meinem Tisch

1. Auf dem Tisch vom Chaosmonster ist es ganz schön unordentlich. Was gehört nicht auf den Tisch? Streiche die Dinge durch, die beim Lernen stören.

2. Schreibe in die Tabelle.

Diese Dinge sollten beim Lernen nicht auf dem Tisch liegen:	**Diese Dinge sollten beim Lernen auf dem Tisch liegen:**

3. Wie sieht es auf deinem Tisch aus? Räume alle Dinge weg, die dich beim Lernen stören könnten.

Übung 2: Der Tisch-Check

Dein Tisch sollte immer gut aufgeräumt sein, damit dich nichts vom Lernen ablenkt.

1. Überprüfe deinen Tisch mit der Checkliste:

Auf meinem Tisch	**gecheckt**
– liegen nur Dinge, die ich gerade zum Lernen brauche.	
– liegt kein Spielzeug.	
– liegt kein Müll.	
– liegt kein Essen.	
– ist es sauber.	
– ist es möglichst leer.	
Und unter meinem Tisch liegt nichts auf dem Boden!	

2. Was könntest du besser machen?

____

____

3. Was machst du schon richtig gut?

____

____

4. Vergleiche deine Tischseite mit der deines Sitznachbarn. Fallen euch Unterschiede und Gemeinsamkeiten auf?

____

____

____

Übung 3: Ordnung auf meinem Tisch

1. Schneide die Satzstreifen an den gestrichelten Linien aus.
2. Füge die richtigen Satzstreifen zusammen.
3. Klebe die Sätze dann auf ein Blatt Papier.

Auf meinem Tisch hat alles seinen festen Platz,

Auf meinem Tisch liegen nur die Sachen,

weil sonst Flecken auf meinen Heften entstehen.

damit ich Platz zum Arbeiten habe.

die ich zum Lernen brauche.

Auf meinem Tisch liegt nicht viel herum,

das mich vom Lernen ablenkt.

Auf meinem Tisch liegt kein Essen,

damit ich nicht lange suchen muss.

Auf meinem Tisch liegt kein Spielzeug,

Übung 4: In der Frühstückspause

Während der Frühstückspause sollte dein Tisch bis auf dein Frühstück leer sein.

1. Überprüfe mit der Checkliste:

Während der Frühstückspause	**gecheckt**
– liegen weder Spielzeuge noch Müll auf dem Tisch.	
– liegen keine Schulbücher, Hefte oder andere Schulsachen auf dem Tisch.	
– räume ich erst alle Schulsachen in meine Schultasche oder an die dafür vorgesehenen Plätze.	
– wasche ich mir vor dem Essen die Hände.	
– liegt nur mein Frühstück auf dem Tisch.	
– benutze ich mein Platzdeckchen.	
– bleibe ich an meinem Platz sitzen.	
Nach der Frühstückspause	**gecheckt**
– räume ich meinen Platz auf.	
– räume ich meine Brotdose und Trinkflasche wieder in meine Schultasche.	
– räume ich mein Platzdeckchen weg.	
– wische ich den Tisch ab, bevor es mit dem Lernen weitergeht.	

2. Was könntest du besser machen?

3. Was machst du schon richtig gut?

4. Vergleiche deine Tischseite mit der deines Sitznachbarn. Fallen euch Unterschiede und Gemeinsamkeiten auf?

Übung 5: Ein Platzdeckchen für Krümelmonster

Regeln für die Frühstückspause

Einen monstermäßig guten Appetit!

Mini-Chaosmonster-Lehrgang 3: Für Eselsohren-Macher und Hausaufgaben-Vergesser

Mein Name: ______________________________

Klasse: _____ Datum: _____________

Übung	geprüft	erledigt
1. Der Hefte- und Bücher-Check		
2. Der Hefte-Check		
3. Der Schnellhefter-Check		
4. Mein Hausaufgabenheft		
5. Der Hausaufgabenheft-Check		
6. Umgang mit dem Lineal		

Übung 1: Der Hefte- und Bücher-Check

Mit deinen Heften und Büchern solltest du immer ordentlich umgehen.

1. Überprüfe deine Hefte und Bücher mit der Checkliste:

Meine Hefte und Bücher	gecheckt
– sind alle in Schutzfolie eingeschlagen.	
– sind alle mit meinem Namen, meiner Klasse und dem Fach beschriftet.	
– haben keine Eselsohren.	
– haben keine Flecken.	
– haben keine zerknüllten oder zerrissenen Seiten.	
– sind nicht bemalt oder bekritzelt.	
– räume ich immer ordentlich in meine Schultasche oder an den dafür vorgesehenen Platz.	
– lasse ich nicht herumfliegen.	
– habe ich immer griffbereit.	
– räume ich immer weg, bevor ich etwas esse oder trinke.	
–	

2. Was könntest du besser machen?

____

____

3. Was machst du schon richtig gut?

____

____

4. Vergleiche deine Hefte und Bücher mit denen deines Sitznachbarn. Fallen euch Unterschiede und Gemeinsamkeiten auf?

____

____

____

Übung 2: Der Hefte-Check

Ordnung ist auch in deinen Heften wichtig. Denn das Lernen fällt dir leichter, wenn du dein Heft ordentlich führst. Hier sind ein paar Tipps, was du bei der Heftführung beachten solltest:

1. Überprüfe deine Heftführung immer wieder mit dieser Checkliste:

Bei meiner Heftführung	**Das mache ich schon.**	**Das muss ich noch beachten.**
– schreibe ich ordentlich und gut lesbar.		
– trage ich erst das Datum rechts oben ein.		
– denke ich daran, die Seite und die Aufgabe mit aufzuschreiben.		
– unterstreiche ich die Überschrift mit dem Lineal.		
– bleibe ich beim Schreiben auf der Linie.		
– lasse ich Platz zwischen den Wörtern.		
– beginne ich mit den Sätzen am Zeilenanfang.		
– schreibe ich nicht über den Rand.		
– streiche ich Fehler mit dem Lineal durch und schreibe das Wort neu.		
– lasse ich zwischen den Aufgaben eine Zeile frei.		
– lasse ich keine Seite im Heft aus.		
– male ich nicht unnötig in meinem Heft herum.		
–		

Übung 3: Der Schnellhefter-Check

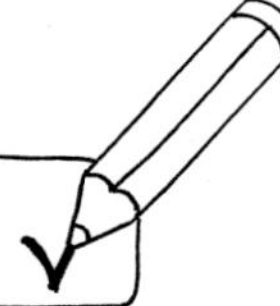

Auch in deinen Schnellheftern solltest du auf Ordnung achten.

1. Überprüfe deine Schnellhefter mit der Checkliste:

Auf und in meinen Schnellheftern	gecheckt
– steht mein Name, meine Klasse und das Fach.	
– sind nur Blätter, die dort hineingehören.	
– sind die Blätter geordnet.	
– sind die Blätter ordentlich beschrieben und vollständig ausgefüllt.	
– sind alle Blätter gelocht und richtig abgeheftet.	
– haben die Blätter keine Eselsohren.	
– haben die Blätter keine Flecken.	
– gibt es keine zerknüllten oder zerrissenen Seiten.	
– ist kein Blatt bemalt oder bekritzelt.	
–	

2. Was könntest du besser machen?

____

____

3. Was machst du schon richtig gut?

____

____

4. Überprüfe auf deinem Tisch und in deiner Schultasche, ob dort lose Blätter herumliegen. Wenn ja, hefte die Blätter in den passenden Schnellheftern ab.

5. Vergleiche deine Schnellhefter mit denen deines Sitznachbarn. Fallen euch Unterschiede und Gemeinsamkeiten auf?

____

____

____

Übung 4: Mein Hausaufgabenheft

Vergisst du auch manchmal deine Hausaufgaben? Oder weißt zu Hause nicht mehr, welche Aufgaben du erledigen sollst? Wenn du dein Hausaufgabenheft ordentlich führst, wird dir das nicht mehr so schnell passieren.

1. Schau dir die Seiten im Hausaufgabenheft vom Chaosmonster an. Manchmal hat es die Hausaufgaben schon richtig gut aufgeschrieben. An anderen Tagen muss man ganz schön rätseln, welche Hausaufgaben es erledigen soll. Unterstreiche die Angaben grün, die gut zu verstehen sind.

2. Vergleiche deine Ergebnisse mit denen deines Sitznachbarn. Überlegt gemeinsam, was eurer Meinung nach in eurem Hausaufgabenheft stehen sollte. Was solltet ihr beachten? Schreibt eure Ergebnisse auf die Rückseite des Blattes.

Montag, 5. November

Fach:	
	Seite 21 lesen
	6 Matheaufgaben
	Blatt fertig machen

Dienstag, 6. November

Fach:	
SU	Arbeitsheft, Seite 21 lesen
Deutsch	Buch, Seite 13, Aufgabe 2
Kunst	Bild zu Ende malen

Mittwoch, 7. November

Fach:	
	Englisch
	Rechenaufgaben
	Gedicht

Donnerstag, 8. November

Fach:	
Deutsch	Gesch les
SU	Blatt ausfül
Musik	Flöt spiel

Freitag, 9. November

Fach:	
Mathe	Aufgaben rechnen
Deutsch	Text abschreiben
Religion	Heft

Notizen

- Elternbrief Monstermama abgeben
- Sportsachen Freitag mitnehmen
- neue Pinsel für Kunst kaufen

Übung 5: Der Hausaufgabenheft-Check

Mit diesen Tipps fällt dir das Aufschreiben und Merken deiner Hausaufgaben leichter. Probiere es mal aus.

1. Überprüfe dein Hausaufgabenheft mit der Checkliste:

So führe ich mein Hausaufgabenheft	gecheckt
– Ich schreibe meine Hausaufgaben immer direkt in mein Hausaufgabenheft.	
– Ich versehe die Hausaufgaben mit dem Datum.	
– Ich schreibe zu jeder Aufgabe das passende Fach.	
– Ich mache möglichst genaue Angaben, zum Beispiel Buch oder Arbeitsheft, Seite und Aufgabennummer.	
– Ich schreibe auf, was ich machen soll, zum Beispiel rechnen, abschreiben, lesen, auswendig lernen.	
– Ich schreibe ordentlich, damit ich später alles gut lesen kann.	
– Ich schreibe die Hausaufgaben vollständig auf.	
– Ich mache mir Notizen, wenn ich an etwas Wichtiges denken muss, zum Beispiel einen Brief an die Eltern abgeben, Schwimmsachen mitnehmen.	
–	

2. Was könntest du besser machen?

____

____

3. Was machst du schon richtig gut?

____

____

4. Vergleiche dein Hausaufgabenheft mit dem deines Sitznachbarn. Fallen euch Unterschiede und Gemeinsamkeiten auf?

____

____

____

Übung 6: Umgang mit dem Lineal

Wenn du deine Hefte ordentlich führen möchtest, musst du dafür gut mit dem Lineal umgehen können.

Hilf dem Chaosmonster und zeige ihm den Weg aus dem Labyrinth. Zeichne den Weg erst mit einem Bleistift vor. Ziehe ihn dann mit einem Lineal und einem gut angespitzten roten Buntstift nach. Dabei darfst du die Wände des Labyrinths nicht berühren. Wie genau und ordentlich kannst du den Weg durch das Labyrinth mit dem Lineal einzeichnen?

Ausgang

Mini-Chaosmonster-Lehrgang 4: Für Zeitfresser und Hausaufgaben-Aufschieber

Mein Name: ______________________________

Klasse: _____ Datum: _______________

Übung	geprüft	erledigt
1. Der Hausaufgaben-Check		
2. Gute Zeiten, schlechte Zeiten		
3. Der Klassenarbeit-Check		
4. Motivation ist alles!		
5. Mach mal Pause!		
6. Bastelvorlage „Mein Stundenplan“		

Übung 1: Der Hausaufgaben-Check

Das Hausaufgabenmachen fällt nicht immer leicht. Aber es gibt einige Gewohnheiten, mit denen du dir die Arbeit erleichtern kannst.

1. Überprüfe deine Gewohnheiten beim Hausaufgabenmachen mit der Checkliste:

Meine Hausaufgabengewohnheiten	gecheckt
– Meine Hausaufgaben mache ich immer an einem ruhigen Ort (zum Beispiel an meinem Schreibtisch).	
– Beim Hausaufgabenmachen sind weder das Radio noch der Fernseher an.	
– Ich mache die Hausaufgaben an einem aufgeräumten Tisch.	
– Ich mache die Hausaufgaben ausgeruht.	
– Es liegen alle Materialien und Bücher bereit, die ich zum Hausaufgabenmachen brauche.	
– Ich mache die Hausaufgaben möglichst immer zur selben Zeit.	
– Ich fange mit einer leichten Aufgabe an.	
– Ich wechsle zwischen verschiedenen Fächern.	
– Zwischendurch mache ich kleine Pausen.	
– Mit meinem Hausaufgabenheft kontrolliere ich am Ende, ob ich an alle Aufgaben gedacht habe.	

2. Überprüfe deine Gewohnheiten beim Hausaufgabenmachen eine Woche lang. Wie gut hat das Hausaufgabenmachen geklappt? Male dem Chaosmonster an jedem Tag ein passendes Gesicht.

Montag	Dienstag	Mittwoch	Donnerstag	Freitag	So war die Woche

3. Überlege am Ende der Woche: Was klappt schon richtig gut? Was könntest du besser machen?

___

___

___

Übung 2: Gute Zeiten, schlechte Zeiten

Im Laufe des Tages gibt es Zeiten, da bist du richtig wach und kannst dich gut konzentrieren. Und es gibt andere Zeiten, da fühlst du dich müde und brauchst eine Pause. Du kannst also nicht den ganzen Tag die gleiche Leistung bringen. Die meisten Menschen können sich am besten vormittags von 8 bis 12 Uhr und nachmittags von 15 bis 18 Uhr konzentrieren. Da aber jeder Mensch anders ist, können die Tageszeiten auch ganz unterschiedlich sein.

1. Überprüfe, wann deine beste Zeit zum Lernen und Hausaufgabenmachen ist. Male eine ganze Woche lang auf, wie du dich fühlst:

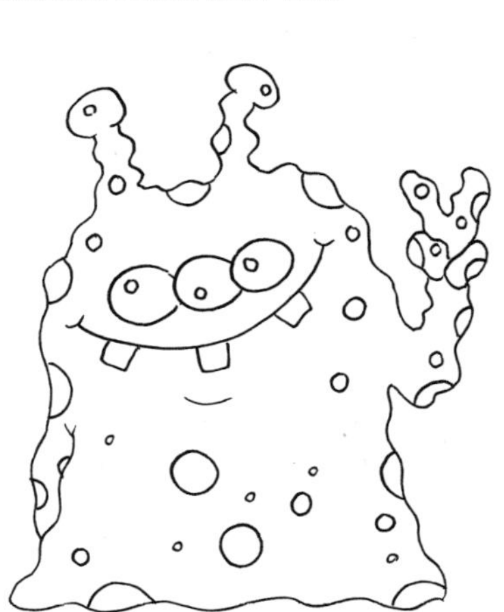

= Ich fühle mich wach und konzentriert.

= Ich bin noch einigermaßen konzentriert, werde aber langsam müder.

= Ich fühle mich müde und bin unkonzentriert.

Uhrzeit	Montag	Dienstag	Mittwoch	Donnerstag	Freitag
8 Uhr					
10 Uhr					
12 Uhr					
14 Uhr					
16 Uhr					
18 Uhr					
20 Uhr					

2. Schreibe auf, zu welcher Zeit du dich wach und konzentriert fühlst und am besten lernen oder Hausaufgaben machen kannst:

____

____

Übung 3: Der Klassenarbeit-Check

Eine gute Vorbereitung auf eine Klassenarbeit ist wichtig.
Diese Tipps helfen dir bestimmt dabei.

1. Überprüfe deine Gewohnheiten vor Klassenarbeiten immer wieder mit dieser Checkliste:

Vor einer Klassenarbeit	**Das mache ich schon.**	**Das muss ich noch beachten.**
– beginne ich ungefähr eine Woche vorher zu lernen.		
– mache ich mir zuerst einen Plan, was ich wann lernen möchte.		
– suche ich mir jemanden, der mir beim Lernen helfen kann (zum Beispiel Mitschüler, Eltern, Geschwister, Großeltern).		
– suche ich alle Sachen (Bücher, Hefte) zusammen, die ich zum Lernen brauche.		
– lerne ich zu Uhrzeiten, während denen ich mich besonders gut konzentrieren kann.		
– beginne ich mit leichten Aufgaben und steigere mich langsam zu schwereren.		
– löse ich Aufgaben unter Zeitdruck (zum Beispiel mit einer Stoppuhr).		
– mache ich beim Lernen regelmäßige Pausen.		
– lasse ich mich immer wieder abfragen, mir etwas diktieren oder Kopfrechenaufgaben stellen.		
– lerne ich einen Tag vorher nichts Neues mehr.		
– versuche ich, ruhig zu bleiben.		

Übung 4: Motivation ist alles!

Kennst du das? Manchmal hat man einfach keine Lust, Hausaufgaben zu machen oder zu lernen. Dann schiebt man die Aufgaben ewig vor sich her und vertrödelt ganz viel Zeit mit anderen Dingen. Was machst du, wenn du ein Hausaufgaben-Aufschieber bist?

1. Wenn ich keine Lust habe, Hausaufgaben zu machen oder zu lernen, dann mache ich stattdessen:

2. Und wie schaffst du es, die Hausaufgaben doch noch zu machen oder zu lernen?

3. Eine Möglichkeit, sich zum Hausaufgabenmachen oder Lernen zu motivieren, ist, sich danach mit etwas Tollem zu belohnen. Du kannst dich dann zum Beispiel mit Freunden zum Spielen verabreden, ins Kino gehen, etwas malen oder Musik hören. Überlege dir eine Liste mit Belohnungen, die dich motivieren.

Meine Belohnungsliste

Wenn ich die Hausaufgaben gemacht oder gelernt habe, dann belohne ich mich danach mit:

Übung 5: Mach mal Pause!

Wenn du beim Lernen müde und unkonzentriert wirst, musst du eine Pause machen. Dein Gehirn kann meist nur 15 bis 20 Minuten am Stück lernen. Dann braucht es eine 5-Minuten-Pause. Das Chaosmonster hat ein paar Ideen, was du in der 5-Minuten-Pause machen kannst:

- an das geöffnete Fenster stellen und frische Luft schnappen
- einen Hampelmann machen
- kurz auf das Bett legen, die Augen schließen und entspannen
- ganz lang strecken
- wie ein Storch durch das Zimmer gehen
- auf und ab hüpfen
- ein bisschen Musik hören und wild herumtanzen
- **kein** Fernsehen gucken oder Computerspiel spielen; das lenkt zu sehr ab
- einen kleinen Pausensnack essen (am besten Obst) und etwas trinken (Wasser, Saft oder Früchtetee)
- Kniebeugen machen

1. Fallen dir noch weitere Möglichkeiten ein, wie du deine 5-Minuten-Pause verbringen kannst? Schreibe sie auf.
   In der 5-Minuten-Pause kann ich:

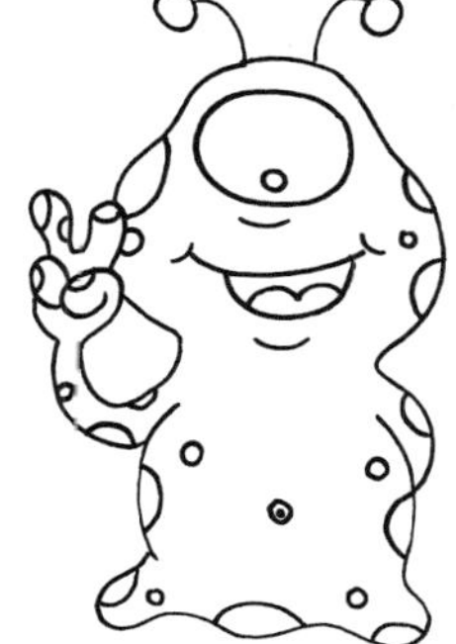

Übung 6: Bastelvorlage „Mein Stundenplan"

Zeit	Montag	Dienstag	Mittwoch	Donnerstag	Freitag
Freizeit					

Mini-Chaosmonster-Lehrgang 5: Für Hausaufgaben-Macher und Schreibtisch-Aufräumer

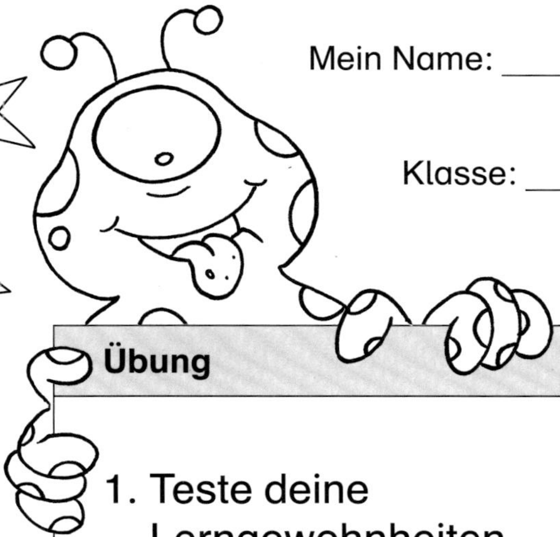

Mein Name: ______________________________

Klasse: _____ Datum: ______________

Übung	geprüft	erledigt
1. Teste deine Lerngewohnheiten		
2. Der Arbeitsplatz-Check		
3. Ein eigenes Lernplakat		
4. Der Chaosmonster-Check		
5. Bastelvorlage „Bitte nicht stören!“-Schild		

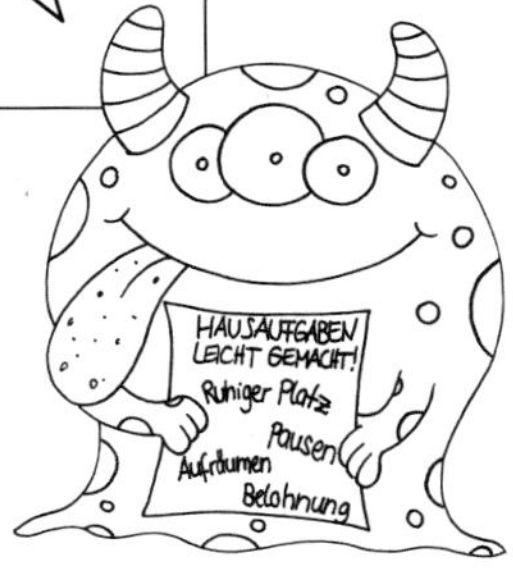

Übung 1: Teste deine Lerngewohnheiten (1)

Beobachte dich einmal zu Hause ganz genau beim Hausaufgabenmachen und Lernen. Wie sind deine Gewohnheiten? Finde es heraus:

1. Was tust du als Erstes, wenn du nach der Schule nach Hause kommst?

____

____

2. Hast du ein eigenes Zimmer oder einen eigenen Bereich für dich? Beschreibe, wie es dort aussieht.

____

____

3. Zu welchem Zeitpunkt machst du deine Hausaufgaben und wann lernst du?

- ☐ direkt nach der Schule
- ☐ direkt nach dem Mittagessen
- ☐ nach einer kleinen Pause nach dem Mittagessen
- ☐ irgendwann auf die Schnelle zwischendurch
- ☐ abends, kurz bevor ich ins Bett gehe
- ☐ morgens, kurz bevor ich zur Schule gehe
- ☐ ____________________________

4. Wie lange brauchst du ungefähr für deine Hausaufgaben und zum Lernen? Stoppe eine Woche lang die Zeit und schreibe sie in die Tabelle:

Montag	Dienstag	Mittwoch	Donnerstag	Freitag

5. Hast du einen eigenen, festen Arbeitsplatz, an dem du deine Hausaufgaben machst und lernst?

☐ ja ☐ nein ☐ manchmal

Anmerkungen:

____

6. Wie sieht dein Arbeitsplatz aus? Mach ein Foto oder male ihn auf die Rückseite des Blattes. Beschreibe ihn.

Übung 1: Teste deine Lerngewohnheiten (2)

7. Was passiert, wenn du deine Hausaufgaben machst?

   ☐ Ich höre dabei Musik oder der Fernseher läuft.
   ☐ Ich sitze in meinem Zimmer an meinem Schreibtisch und es ist ruhig.
   ☐ Ich sitze in der Küche am Tisch und meine Familie läuft herum.
   ☐ Ich lege mich dabei auf mein Bett. Da ist es am gemütlichsten.

   ☐ ______________________________

8. Ich kann mich auf meine Hausaufgaben und beim Lernen gut konzentrieren.

   ☐ ja ☐ nein ☐ manchmal ☐ Ich lasse mich dabei schnell ablenken.

   Das lenkt mich besonders ab:

   ____

9. Ich mache Pausen beim Lernen.

   ☐ ja ☐ nein ☐ manchmal

   Wenn ja, was machst du während der Pausen?

   ☐ Ich lese etwas.
   ☐ Ich gucke Fernsehen.
   ☐ Ich spiele an meinem Computer.
   ☐ Ich gehe ein bisschen nach draußen zum Spielen.
   ☐ Ich höre Musik.

   ☐ ______________________________

10. Wann gehst du in der Woche abends ins Bett?

    Ich gehe meistens so um ______ Uhr ins Bett.

11. Was machst du in deiner Freizeit?

    ☐ Ich mache Sport, zum Beispiel ______________________________.

    ☐ Ich spiele ein Musikinstrument, zum Beispiel ______________________________.

    ☐ Ich male gerne.
    ☐ Ich höre gerne Musik.
    ☐ Ich spiele gerne draußen mit meinen Freunden.
    ☐ Ich lese gerne.
    ☐ Eigentlich mache ich nichts Bestimmtes.

    ☐ ______________________________

12. Hast du Probleme beim Hausaufgabenmachen oder Lernen? Wenn ja, welche? Hast du schon eine Idee, woran es liegen könnte? Schreibe deine Überlegungen auf die Rückseite des Blattes.

Übung 2: Der Arbeitsplatz-Check

1. Überprüfe deinen Arbeitsplatz mit der Checkliste. Verändere die Dinge, die dir beim Lernen helfen können.
2. Male anschließend ein Bild vom perfekten Arbeitsplatz.

Mein Arbeitsplatz	Das trifft schon zu.	Das muss ich noch ändern.
Ich habe einen eigenen Arbeitsplatz (zum Beispiel Schreibtisch), an dem ich meine Hausaufgaben machen kann.		
Ich habe einen Schreibtischstuhl, auf dem ich bequem sitze. Meine Füße stehen beim Sitzen auf der Erde.		
Ich habe auf meinem Schreibtisch genug Platz.		
Auf meinem Schreibtisch steht eine helle Lampe.		
Es liegen keine Spielzeuge und andere Dinge auf meinem Schreibtisch, die mich beim Lernen ablenken.		
Auf oder neben meinem Schreibtisch liegen alle Materialien (Stifte, Anspitzer, Radiergummi, Lineal, Papier, Schere, Klebstoff, Bücher und Hefte) griffbereit, die ich zum Arbeiten brauche.		
Ich habe einen Papierkorb und eine Pinnwand, an der ich alle wichtigen Informationen zum Lernen anheften kann. Dort hängt auch mein Stundenplan.		
Wenn ich lerne oder Hausaufgaben mache, ist es ganz ruhig. Fernseher, CD-Player und Radio sind aus.		
An meinem Schreibtisch gibt es eine Uhr, mit der ich mir die Zeit zum Lernen einteilen kann. Ich plane auch kleine Pausen ein. Zwischendurch verlasse ich den Schreibtisch, um etwas zu trinken.		
Wenn ich eine Aufgabe erledigt habe, lege ich die Sachen (Bücher, Hefte usw.) zur Seite, die ich nicht mehr brauche.		
Auf meinem Schreibtisch befindet sich nichts zu essen oder zu trinken.		
Ich fühle mich wohl an meinem Schreibtisch.		
Eigene Ergänzungen:		

Übung 3: Ein eigenes Lernplakat

Ein Lernplakat hilft dir dabei, dir wichtige Informationen zu einem Thema zu merken.

Du brauchst:

- ein großes Plakat
- ein Notizblatt
- einen Bleistift und ein Lineal
- Bunt- oder Filzstifte
- eine Schere und einen Klebestift
- deine Schulbücher und Hefte zu dem Thema, für das du das Lernplakat erstellen möchtest
- vielleicht weitere Informationen aus dem Internet

So geht es:

1. Zuerst solltest du dir natürlich sicher sein, zu welchem Thema du ein Lernplakat erstellen möchtest.
2. Dann denkst du dir eine passende Überschrift zum Thema aus und schreibst sie oben in großer Schrift auf das Lernplakat.
3. Lies alle Informationen zum Thema durch. Unterstreiche dabei wichtige Informationen mit dem Bleistift und einem Lineal.
4. Überlege dir dann kurze Sätze und Stichworte zu den Informationen. Schreibe sie erst einmal auf ein Notizblatt.
5. Wenn du dir sicher bist, dass du alle wichtigen Informationen notiert hast, schreibst du sie in bunten Farben auf das Lernplakat.
6. Du kannst Bilder benutzen, um die Informationen zu veranschaulichen.
7. Beachte dabei: Weniger ist mehr! Schreibe also möglichst kurze Sätze oder aussagekräftige Stichworte auf das Plakat.
8. Nun hängst du das Lernplakat an einer gut sichtbaren Stelle auf (zum Beispiel neben deinem Schreibtisch).

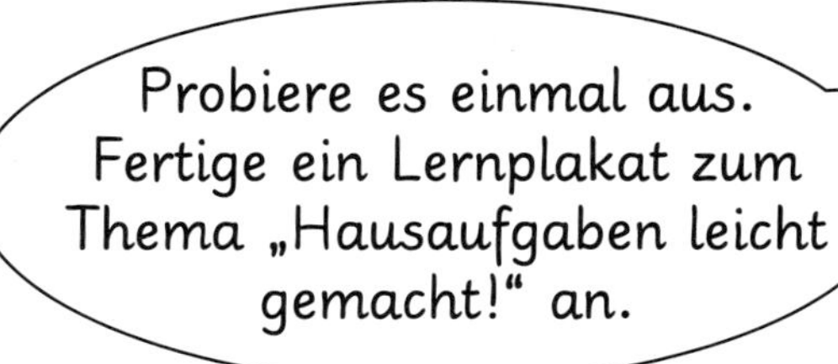

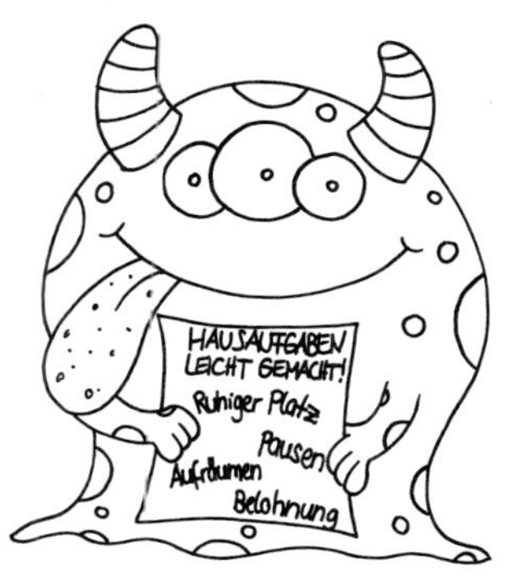

Übung 4: Der Chaosmonster-Check

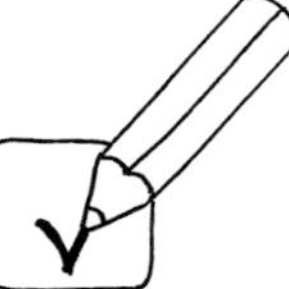

1. Mit der Checkliste kannst du überprüfen, ob du gut für den nächsten Schultag vorbereitet bist. Ergänze selbst noch wichtige Dinge, an die du denken möchtest.

Vorbereitung für den nächsten Schultag	gecheckt
– Ich habe alle Hausaufgaben erledigt.	
– Ich habe alle Mitteilungen an meine Eltern abgegeben.	
– Meine Schultasche ist aufgeräumt.	
– Meine Trinkflasche und die Brotdose habe ich in die Küche gebracht.	
– Meine Federmappe ist aufgeräumt.	
– Ich habe alle Stifte angespitzt.	
– Ich habe alles eingepackt, was ich morgen in der Schule brauche.	
– Ich habe auf meinen Stundenplan geguckt und an alles gedacht, was ich morgen brauche (Sportsachen, Musikinstrument, Kunstsachen, Bastelsachen).	
–	
–	
–	
– Ich habe das Chaosmonster im Griff! Deshalb mache ich jetzt etwas Schönes: lesen, malen, spielen ...	

2. Was könntest du besser machen?

____

____

3. Was machst du schon richtig gut?

____

____

Übung 5: Bastelvorlage „Bitte nicht stören!"-Schild

Bastle dir ein eigenes „Bitte nicht stören!"-Schild. Das hängst du an deine Zimmertür, wenn du in Ruhe lernen oder Hausaufgaben machen möchtest.

Du brauchst:

- Bunt- oder Filzstifte
- eine Schere und Klebstoff
- Pappe und ein Band (zum Beispiel Rest von einem Geschenkband)

So geht es:

1. Male die Vorlage bunt an.
2. Klebe sie auf die Pappe und schneide sie an der gestrichelten Linie aus.
3. Bohre ein Loch in den gestrichelten Kreis. Fädle dann das Band durch das Loch. Fertig ist dein „Bitte nicht stören!"-Schild.

Bastelvorlage:

PSSST!

BITTE NICHT STÖREN!

Mini-Chaosmonster-Lehrgang 6: Für Tafeldienst-Schwänzer und Müllvermeider

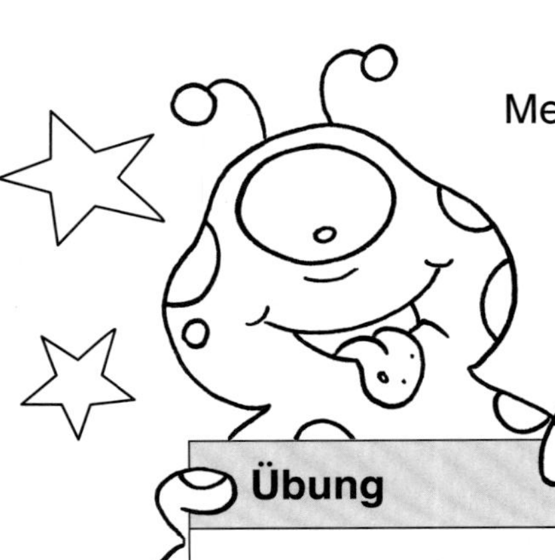

Mein Name: ______________________________

Klasse: _____ Datum: ______________

Übung	geprüft	erledigt
1. Der Klassenraum-Check	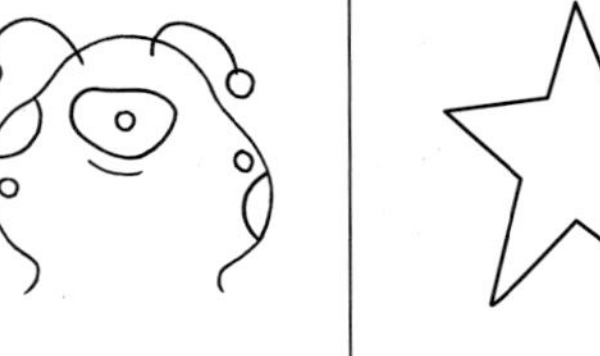	
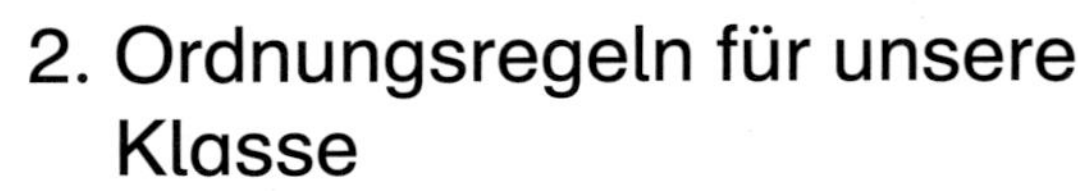 2. Ordnungsregeln für unsere Klasse	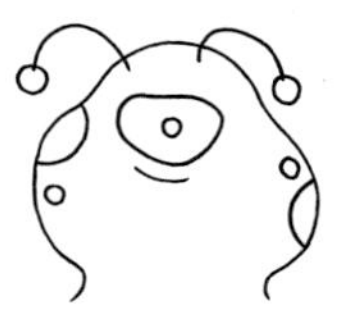	
 3. Unsere Klassendienste	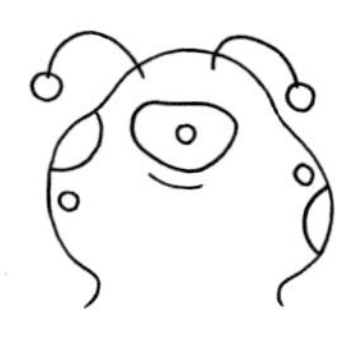	
4. Verhalten im Schulgebäude	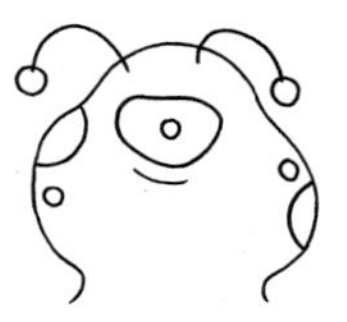	

Übung 1: Der Klassenraum-Check

Wie ordentlich ist es in eurem Klassenraum?

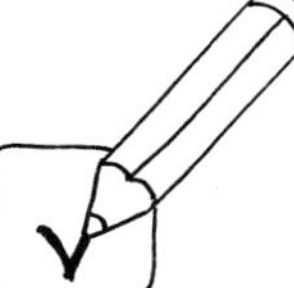

1. Überprüft einmal gemeinsam am Ende des Schultags euren Klassenraum mit der Checkliste:

In unserem Klassenraum	gecheckt
– sind die Tische leer geräumt.	
– sind die Tische sauber.	
– sind die Stühle hochgestellt.	
– steht alles an seinem vorgesehenen Platz (zum Beispiel Bücher, Bastelmaterial, Freiarbeitsmaterial).	
– liegt nichts auf dem Boden herum.	
– ist der Boden gefegt.	
– sind die Blumen gegossen.	
– ist die Tafel geputzt.	
– sind das Licht und die Computer ausgeschaltet.	
–	
–	

2. Überlegt gemeinsam: Was könntet ihr besser machen?

____

____

3. Was macht ihr schon richtig gut?

____

____

4. Gibt es noch weitere Punkte, die für die Ordnung in eurem Klassenraum wichtig sind? Tragt sie in die Checkliste ein.

5. Hängt die Checkliste gut sichtbar in eure Klasse (zum Beispiel an die Tür). Dann könnt ihr immer am Ende des Schultags überprüfen, ob ihr an alles gedacht habt.

Übung 2: Ordnungsregeln für unsere Klasse

Überlegt gemeinsam, welche Regeln in eurer Klasse gelten sollen, damit es immer ordentlich ist. Schreibt eure Ideen auf ein großes Plakat. Das Plakat hängt ihr dann in eurer Klasse gut sichtbar auf. Erinnert euch gegenseitig an die Regeln.

Diese Sätze helfen euch bestimmt beim Überlegen:

Wir schließen die Fenster.

Wir fegen den Boden.

Wir gießen die Blumen.

Wir schmeißen den Müll weg.

Wir räumen unsere Tische auf.

Wir stellen die Stühle hoch.

Wir wischen die Tafel.

Wir wischen unsere Tische ab.

Wir räumen alles an seinen Platz.

Wir schalten das Licht und die Computer aus.

Übung 3: Unsere Klassendienste

1. Überlegt gemeinsam, welche Dienste es in eurer Klasse geben soll. Schreibt eure Ideen in die Liste unten.
2. Organisiert die Klassendienste. Wer ist an welchem Wochentag für welchen Klassendienst zuständig? Schreibt die Namen in die Liste.

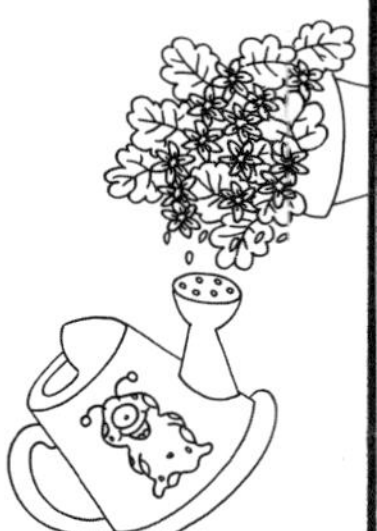

Klassendienst	Montag	Dienstag	Mittwoch	Donnerstag	Freitag

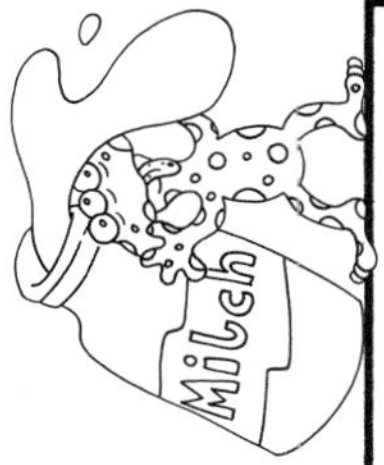

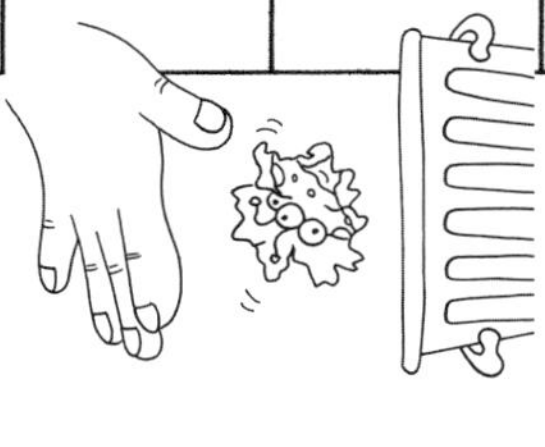

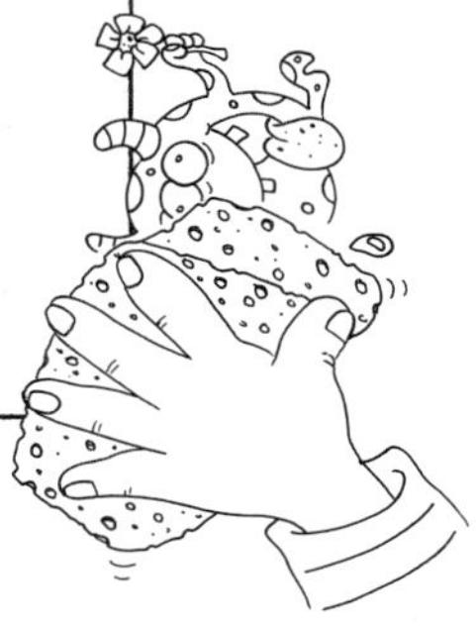

Bastelvorlagen „Klassendienste" (1)

TAFELDIENST

BLUMENDIENST

Bastelvorlagen „Klassendienste" (2)

AUSTEILDIENST

MILCHDIENST

Bastelvorlagen „Klassendienste" (3)

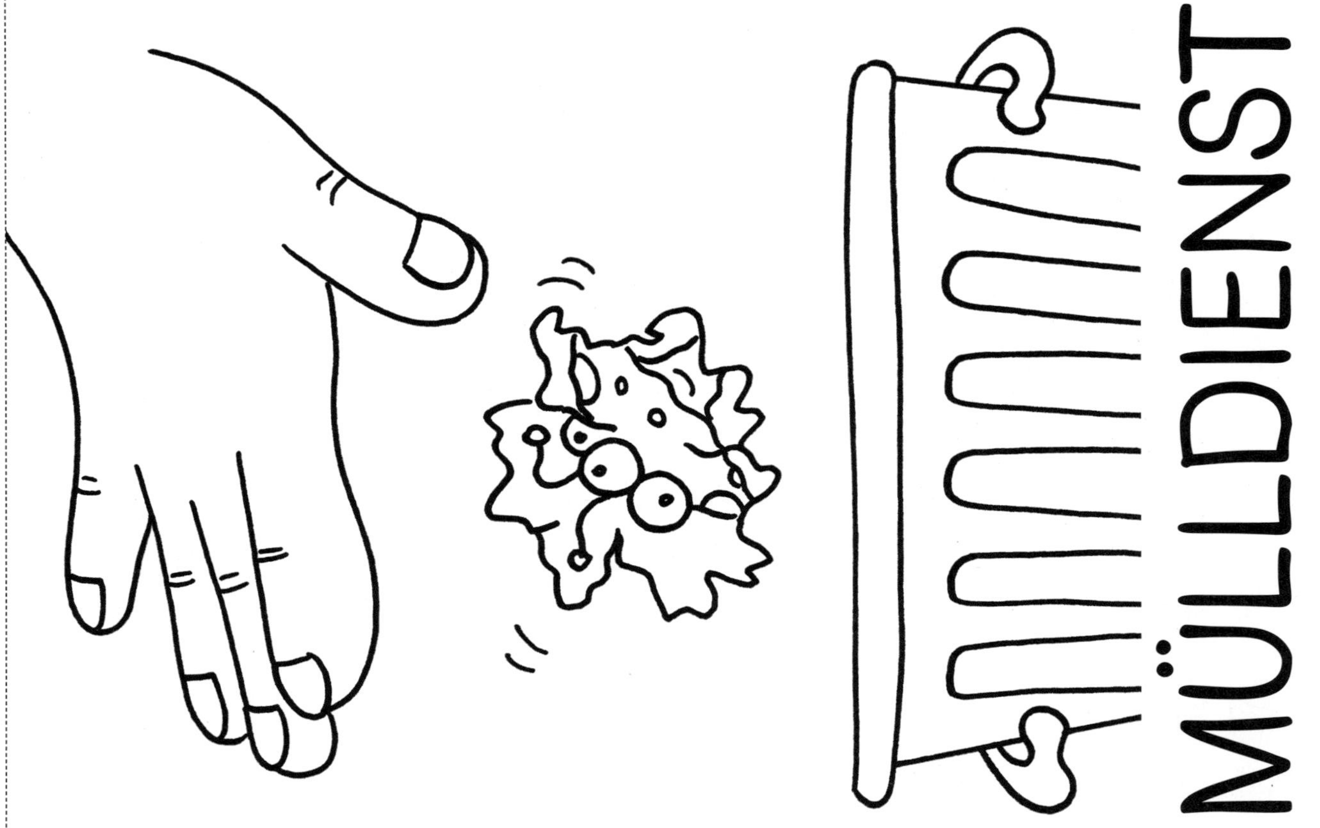

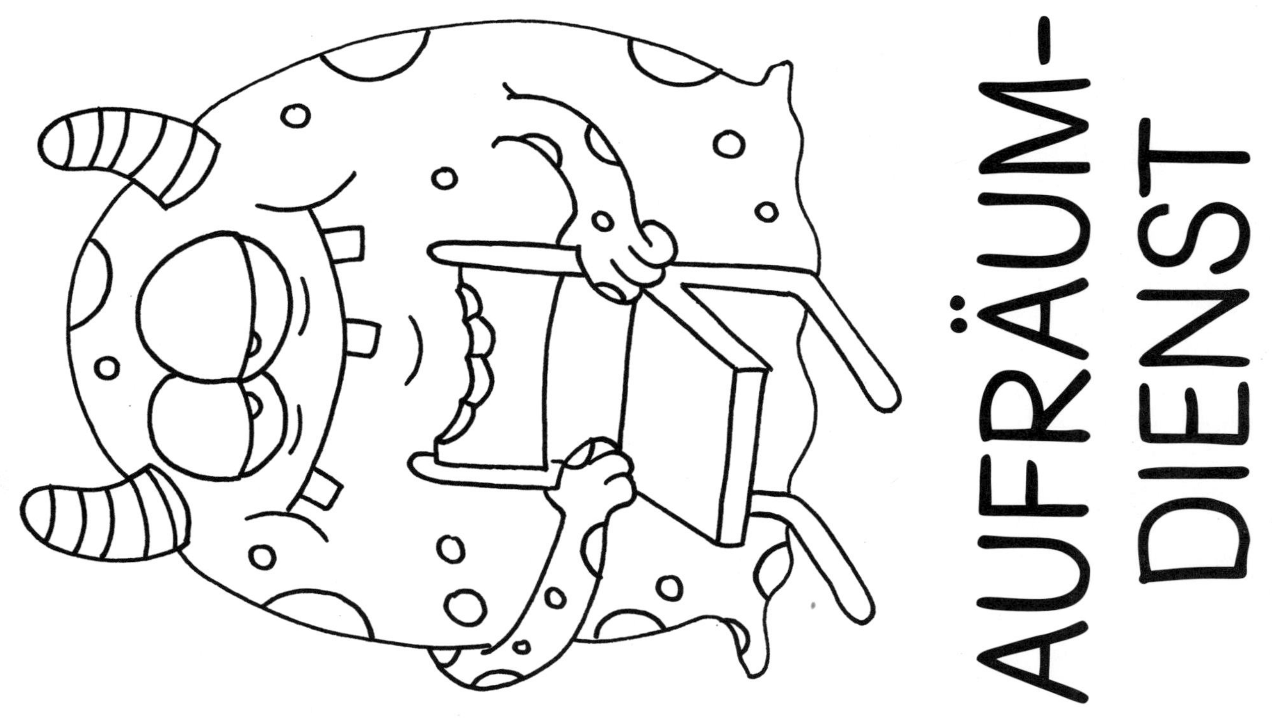

Bastelvorlage „Das Müllmonster"

FÜTTER MICH!

Übung 4: Verhalten im Schulgebäude

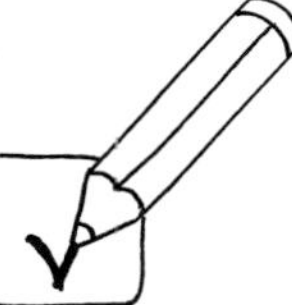

Wie verhaltet ihr euch im Schulgebäude?

1. Überprüft gemeinsam euer Verhalten mit der Checkliste:

Verhalten im Schulgebäude	gecheckt
– Wir gehen leise durch die Schule.	
– Wir hängen unsere Jacken ordentlich an die Garderobe.	
– Wir lassen keine Schultaschen im Flur stehen.	
– Wir werfen keinen Müll auf den Boden.	
– Wir lassen kein Spielzeug herumliegen.	
– Wir heben etwas auf, wenn es auf dem Boden liegt (zum Beispiel eine heruntergefallene Jacke oder Müll).	
– Wir verlassen die Toilette sauber und ordentlich.	
– Wir waschen uns die Hände nach dem Toilettengang.	
–	
–	
–	

2. Überlegt gemeinsam: Was könntet ihr besser machen?

____

____

3. Was macht ihr schon richtig gut?

____

____

4. Gibt es weitere Punkte, die für das richtige Verhalten im Schulgebäude wichtig sind? Tragt sie in die Checkliste ein. Hängt sie gut sichtbar in eure Klasse (zum Beispiel an die Tür). Dann könnt ihr immer wieder überprüfen, ob ihr an alles gedacht habt.

Meine Wochenziele

Das möchte ich diese Woche erledigen/schaffen:

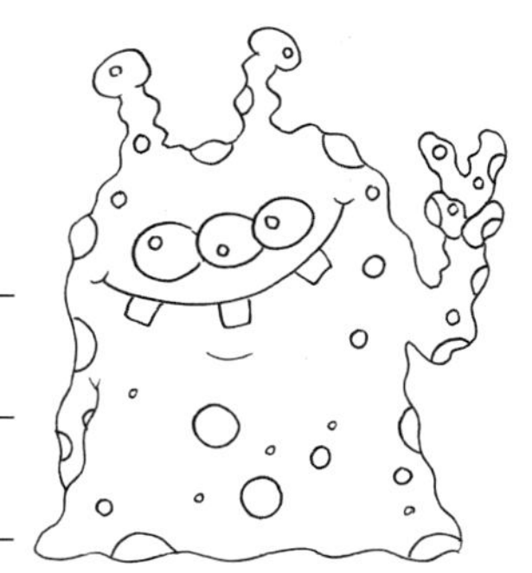

So hat es geklappt:

Montag	Dienstag	Mittwoch	Donnerstag	Freitag	So war die Woche

Merkkärtchen

Räum bitte deine Federmappe auf!	Denk bitte an deinen Turnbeutel!	Gib bitte den Elternbrief zu Hause ab!
Schreib die Hausaufgaben bitte immer in dein Hausaufgabenheft!	Räum bitte deinen Tisch auf!	Bring bitte morgen die Kunstsachen mit!
Denk bitte an dein Mathebuch!	Hefte bitte alle Arbeitsblätter richtig ab!	Räume bitte deine Schultasche auf!
Denk bitte an dein Pausenbrot!	Geh bitte ordentlich mit deinen Büchern um!	Denk bitte daran, für das Diktat zu lernen!

GUT GEMACHT!

MACH WEITER SO!

DU WIRST IMMER BESSER!

SUPER!

DAS KANNST DU BESSER!
VERSUCHE ES NOCH EINMAL!
NICHT AUFGEBEN!
DU SCHAFFST DAS!

Medaille Nr. 1: Ich habe das Chaosmonster im Griff!

Du brauchst:
- Bunt- oder Filzstifte
- eine Schere
- eine Sicherheitsnadel
- Klebeband

Herzlichen Glückwunsch!
Du hast das Chaosmonster im Griff.

So geht es:
1. Male die Medaille bunt an.
2. Schneide sie an der gestrichelten Linie aus.
3. Klebe die Sicherheitsnadel auf die Rückseite der Medaille. Dann heftest du sie an deiner Kleidung fest.

Medaille Nr. 2: Ich habe das Chaosmonster im Griff!

Herzlichen Glückwunsch!
Du hast das Chaosmonster im Griff.

Du brauchst:

- Bunt- oder Filzstifte
- eine Schere
- ein schönes Band
- Klebeband

So geht es:

1. Male die Medaille bunt an.
2. Schneide sie an der gestrichelten Linie aus.
3. Klebe das Band oben an die Medaille, damit du sie um den Hals tragen kannst.

Medaille Nr. 3: Ich habe das Chaosmonster im Griff!

Du brauchst:
- Bunt- oder Filzstifte
- eine Schere
- ein schönes Band
- Klebeband

Herzlichen Glückwunsch!
Du hast das Chaosmonster im Griff.

So geht es:
1. Male die Medaille bunt an.
2. Schneide sie an der gestrichelten Linie aus.
3. Klebe das Band oben an die Medaille, damit du sie um den Hals tragen kannst.

URKUNDE

Hiermit wird

(Vorname Name)

feierlich zum Meister über das Chaosmonster ernannt.

Du bist ein Experte im Umgang mit

Datum

Unterschrift